BEI GRIN MACHT SICH IHR WISSEN BEZAHLT

AF149747

- Wir veröffentlichen Ihre Hausarbeit,
  Bachelor- und Masterarbeit

- Ihr eigenes eBook und Buch -
  weltweit in allen wichtigen Shops

- Verdienen Sie an jedem Verkauf

Jetzt bei www.GRIN.com hochladen und kostenlos publizieren

Peter Fehst

Schriftliche Kurzdarstellung zum Thema "Patientenverfügung"

GRIN Verlag

Bibliografische Information der Deutschen Nationalbibliothek:

Die Deutsche Bibliothek verzeichnet diese Publikation in der Deutschen National-
bibliografie; detaillierte bibliografische Daten sind im Internet über http://dnb.d-
nb.de/ abrufbar.

Dieses Werk sowie alle darin enthaltenen einzelnen Beiträge und Abbildungen
sind urheberrechtlich geschützt. Jede Verwertung, die nicht ausdrücklich vom
Urheberrechtsschutz zugelassen ist, bedarf der vorherigen Zustimmung des Verla-
ges. Das gilt insbesondere für Vervielfältigungen, Bearbeitungen, Übersetzungen,
Mikroverfilmungen, Auswertungen durch Datenbanken und für die Einspeicherung
und Verarbeitung in elektronische Systeme. Alle Rechte, auch die des auszugsweisen
Nachdrucks, der fotomechanischen Wiedergabe (einschließlich Mikrokopie) sowie
der Auswertung durch Datenbanken oder ähnliche Einrichtungen, vorbehalten.

Impressum:

Copyright © 2008 GRIN Verlag GmbH
Druck und Bindung: Books on Demand GmbH, Norderstedt Germany
ISBN: 978-3-656-25699-1

Dieses Buch bei GRIN:

http://www.grin.com/de/e-book/198865/schriftliche-kurzdarstellung-zum-thema-
patientenverfuegung

GRIN - Your knowledge has value

Der GRIN Verlag publiziert seit 1998 wissenschaftliche Arbeiten von Studenten, Hochschullehrern und anderen Akademikern als eBook und gedrucktes Buch. Die Verlagswebsite www.grin.com ist die ideale Plattform zur Veröffentlichung von Hausarbeiten, Abschlussarbeiten, wissenschaftlichen Aufsätzen, Dissertationen und Fachbüchern.

Besuchen Sie uns im Internet:

http://www.grin.com/

http://www.facebook.com/grincom

http://www.twitter.com/grin_com

Peter Fehst

Kurs : Oktober 2008

Katholische Schule für

*Gesundheits- und Pflegeberufe
Dortmund gGmbH*

Schriftliche Kurzdarstellung zum Thema

„Patientenverfügung"

Abgabedatum : 04.Juli 2011

Inhaltsverzeichnis

1. Einleitung 3

2. Patientenverfügung 4

2.1 Was ist eine Patientenverfügung? 4

2.2 Welche rechtlichen Grundlagen gibt es zum Thema Patientenverfügung und was beinhalten diese? 4

2.3 Was muss man beim Verfassen einer Patientenverfügung berücksichtigen? 5

3. Was ist eine Vorsorgevollmacht? 5

4. Welche Auswirkungen kann eine Patientenverfügung haben? 6

4.1 Auswirkungen für den Verfasser: 6

4.1.1 Der entscheidungsfähige Patient : 6

4.1.2 Der nichtentscheidungsfähige Patient 7

4.2 Auswirkung für Ärzte und Pflegekräfte: 7

5. Ist es in Anbetracht von ethischen Grundlagen vereinbar eine Patientenverfügung zu erstellen und somit Einfluss auf den eigenen Sterbeprozess zu nehmen. 8

6. Zusammenfassung/ Schlussfolgerung 9

7. Quellen 10

1. Einleitung

Ich habe mir für meine schriftliche Kurzdarstellung im Rahmen meiner Ausbildung zum Gesundheits- und Krankenpfleger das Thema Patientenverfügung ausgesucht, weil ich finde, dass es sehr wichtig ist im Sinne des Patienten zu handeln und dessen Wünsche zu berücksichtigen, auch wenn der Patient nicht mehr in der Lage ist sich zu äußern oder sein Selbstbestimmungsrecht in Gesundheitsangelegenheiten ausüben zu können.

Außerdem finde ich, dass die meisten Leute viel zu wenig über das Thema Patientenverfügung aufgeklärt sind und möchte daher den Lesern dieser Arbeit das Thema etwas näher bringen und aufzeigen wie wichtig es sein kann eine Patientenverfügung zu haben.

Wichtige Fragestellungen dabei sind, welche rechtlichen Grundlagen gibt es zum Thema Patientenverfügung, was muss man berücksichtigen und welche Auswirkung hat eine Patientenverfügung im Bezug auf die Pflege und medizinische Versorgung.

In der modernen Medizin gibt es immer bessere Verfahren das Leben zu Verlängern, manchmal jedoch mit der Konsequenz, dass die lebensverlängernden Maßnahmen zwar die Herztätigkeit wieder anregen, während die Gehirntätigkeit meist aber nicht wieder hergestellt werden kann.

Dabei stellt sich sie Frage, in welcher Form ein Mensch in dieser Situation Einfluss auf die medizinischen und pflegerischen Maßnahmen nehmen kann und ob es aus ethischer Sicht akzeptierbar ist, dass Menschen selber entscheiden können wann der Tod eintritt.

2. Patientenverfügung

2.1 Was ist eine Patientenverfügung?

Eine Patientenverfügung ist eine vorsorgliche Willenserklärung. Sie wird wirksam, wenn der betroffene Mensch nicht mehr in der Lage ist, seine notwendige Zustimmung oder Ablehnung zu einer Behandlungsmaßnahme mitzuteilen. Eine Patientenverfügung enthält individuelle Wünsche, Wertvorstellungen und Bestimmungen zu Behandlungsmaßnahmen. Behandlungsmaßnahmen können in konkreten medizinischen Situationen eingefordert, eingeschränkt oder völlig abgelehnt werden.

Eine Patientenverfügung muss schriftlich sein, das ist mit Inkrafttreten des Patientenverfügungsgesetzes am 1. September 2009 im Betreuungsrecht verankert worden.

Eine Patientenverfügung ist verbindlich zu befolgen. Aber nur dann, wenn die PV sich konkret auf die dann eingetretenen Umstände beziehen lässt oder absolut geltende Anweisungen enthält.
Eine Patientenverfügung wird häufig in Kombination mit einer Vorsorgevollmacht (siehe S.6) erstellt.

Quelle: http://www.patientenverfuegung.de/meine-patientenverfuegung (15.06.2011 12:45)

2.2 Welche rechtlichen Grundlagen gibt es zum Thema Patientenverfügung und was beinhalten diese?

Am 18.06.2009 wurde ein Gesetz zur Verbindlichkeit von Patientenverfügungen im Zivilrecht verankert, welches am 1. September 2009 in Kraft getreten ist.

Diesem Gesetz zu Folge ist eine Patientenverfügung nur gültig / verbindlich, wenn diese schriftlich von einer einwilligungsfähigen, volljährigen Person erstellt wurde.
Außerdem gilt die Patientenverfügung nur für bestimmte ärztliche Maßnahmen oder Behandlungen. Die Maßnahmen oder Handlungen, die für die Zukunft gewünscht oder abgelehnt werden, müssen sehr eindeutig benannt werden und auf die in der Zukunft liegende Situation genau zutreffen.
Der Arzt und der Betreuer müssen zusammen prüfen, ob die Formulierungen der Patientenverfügung auf die aktuelle Behandlungssituation zutreffen.
Eine Patientenverfügung gilt unabhängig von Art und Stadium einer Erkrankung, in jeder Lebenslage in der ein Patient seinen Willen nicht mehr nennen kann. Daher kann es von Vorteil sein, wenn man in der Patientenverfügung Unterscheidungen von verschiedenen Situationen macht. Beispielsweise zwischen der Behandlung nach einer Operation oder für die Behandlung einer späteren Demenz.

Eine Patientenverfügung kann jederzeit, auch mündlich, wiederrufen werden.
Niemand ist verpflichtet eine Patientenverfügung zu verfassen.

Im Gesetz ist keine Geltungsdauer einer Patientenverfügung verankert. Diese ist solange gültig, bis sie aktualisiert oder wiederrufen wird. Es wird jedoch empfohlen jedes Jahr eine neue Unterschrift mit Datum unter die Patientenverfügung zu setzten, um zu verdeutlichen, dass diese immer noch den aktuellen Wünschen entspricht.

Quelle: http://www.aerzteblatt.de/v4/plus/down.asp?typ=PDF&id=4428 (17.06.2011 17:14)

Empfehlung des Ethik-Komitees der Kath. St. Johannes Gesellschaft Dortmund gGmbH zum Umgang mit Patientenverfügungen Seite 2-3

2.3 Was muss man beim Verfassen einer Patientenverfügung berücksichtigen?

Bei der Verfassung einer Patientenverfügung gilt: Je medizinisch qualifizierter und praxistauglicher, desto verbindlicher.

Die Patientenverfügung soll dazu dienen, das Selbstbestimmungsrecht als Patient umzusetzen. Damit die Patientenverfügung für den Arzt und den Bevollmächtigten oder den Betreuer in der jeweiligen Situation aussagefähig ist, sollte möglichst genau beschrieben werden, für welche Situation welche Entscheidung getroffen werden soll. Für den Fall, dass die Behandlungssituation nicht zu der beschriebenen passt, können auch allgemeine Wertvorstellungen Anhaltspunkte für den Patientenwillen liefern.

Grundsätzlich gibt es zwei verschiedene Ausgangslagen:

Eine Patientenverfügung um für eventuell eintretende Notfälle vorzusorgen. Dabei ist es aufgrund der weitreichend möglichen Situationen kaum möglich für den Einzelfall genaue Wünsche zu formulieren. Deshalb ist es bei einer solchen Patientenverfügung wichtig eine allgemeine Beschreibung der persönlichen Vorstellung zu geben, damit der Arzt daraus für einzelne Situationen ableiten kann.
Anders sieht es bei einer Patientenverfügung eines schon erkrankten Menschen aus. Dabei werden sich vermutlich klare Vorstellungen zu möglichen Behandlungen und deren Nebenwirkungen ergeben.
Ist dies der Fall, ist eine sehr konkrete Verfügung möglich, in der man die Situationen für die die Patientenverfügung gelten soll genau beschreiben kann. Dort kann man dann auch konkrete Therapiewünsche bezüglich Umfang und Dauer der einzelnen Maßnahmen bzw. der nicht erwünschten Maßnahmen erläutern.

Quelle:
Verbraucherzentrale „Patientenverfügung Vorsorgevollmacht und Betreuungsverfügung"
8. Auflage 2006 (Seite 30-31)

http://www.patientenverfuegung.de/rechtliche-grundlagen (20.06.2011 11:36 Uhr)

3. Was ist eine Vorsorgevollmacht?

Viele Menschen glauben, dass automatisch Ehepartner, Eltern oder Kinder an ihrer Stelle entscheiden dürfen, wenn sie selbst ihre Angelegenheiten nicht mehr regeln oder etwas unterschreiben können. Dies ist jedoch nicht der Fall. Dritte benötigen eine Vollmacht, damit sie zum Handeln befugt sind. Andernfalls muss eine Betreuung durch das Gericht angeordnet werden.

Damit im Behandlungsfall der in der Patientenverfügung beschriebener Wille nicht nur durch ein Papier, sondern auch durch eine Person vertreten wird, sollte eine Vorsorgevollmacht, zumindest für Gesundheitsangelegenheiten und für Aufenthalts- und Wohnungsangelegenheiten erstellt werden.

Mit dieser gibt man einer Person seines Vertrauens die Vollmacht, im eigenen Sinne Entscheidungen zu treffen über die Aufnahme, Fortführung oder den Abbruch medizinischer Behandlung sowie den Aufenthalt für den Fall, dass man selbst nicht mehr in der Lage dazu ist.

Der Unterschied zwischen einer „normalen" Vollmacht und einer Vorsorgevollmacht besteht nur darin, dass eine Vorsorgevollmacht nicht sofort nach der Unterschrift verwendet werden soll, sondern erst, wenn vom Verfasser festgelegte Umstände eingetreten sind.

Quellen:
Verbraucherzentrale „Patientenverfügung Vorsorgevollmacht und Betreuungsverfügung" 8. Auflage 2006 (Seite 36-37)

http://www.malteser.de/1.14.Organisation/1.14.08.Informationen/patientenverfuegung_web.p df Seite 5 (20.06.2011 17:19 Uhr)

4. Welche Auswirkungen kann eine Patientenverfügung haben?

4.1 Auswirkungen für den Verfasser:

Für die Auswirkung einer Patientenverfügung ist es wichtig, sich zunächst den Unterschied zwischen entscheidungsfähigen Patienten und nichtenstcheidungsfähigen Patienten deutlich zu machen. Eine Patientenverfügung kann erst bei einem nichtentscheidungsfähigen Patienten wirksam werden. Solange der Patient geistig entscheidungsfähig ist und sich mündlich oder schriftlich äußern kann, steht dieser geäußerte Wille immer über der schriftlichen Verfügung.
Dies ist besonders zu betonen, weil viele Menschen Bedenken haben, dass einerseits ein einmal schriftlich festgelegter Wille nicht mehr widerrufen werden kann, oder aber eine mündlich geäußerte Entscheidung, die im Gegensatz zur schriftlichen Verfügung steht, vielleicht nicht akzeptiert werden könnte.

Eine Patientenverfügung kann Auswirkungen auf medizinische als auch pflegerische Behandlungen/Maßnahmen haben.
Wenn ein Mensch aus welchen Gründen auch immer seinen Willen nicht mehr äußern kann, würde im Notfall der Arzt entscheiden wie behandelt wird, bis geklärt ist, ob es eine Patientenverfügung gibt oder bis ein Betreuer vom Gericht vorgeschlagen wurde.

4.1.1 Der entscheidungsfähige Patient :

Jeder Mensch hat das Recht, über medizinische Maßnahmen selber zu entscheiden, solange er in der Lage ist, seinen Krankheitszustand, den Krankheitsverlauf und die Therapiemöglichkeiten mit dem behandelnden Arzt zu besprechen.
(Selbstbestimmungsrecht)

Ein Patient muss für eine Behandlung seine Einwilligung geben oder er kann die Behandlung verweigern. Diese Entscheidung muss der Patient selber treffen und niemand kann ihm diese Entscheidung abnehmen. Nach ausführlicher Beratung durch den Arzt ist die Entscheidung des Patienten, welcher Untersuchung und Behandlung er zustimmt oder

welche er ablehnt, rechtlich verbindlich.
Der Arzt muss dieser Entscheidung folgen, auch wenn er sie persönlich nicht teilt.
Kein Patient darf gegen seinen Willen behandelt werden. Dies ist auch gültig, wenn ein
Eingriff medizinisch dringend notwendig wäre und der Patient ohne ihn sterben würde.

Wenn ein Patient nach entsprechender Aufklärung durch den Arzt in Kenntnis aller Folgen
eine ärztliche Behandlung ablehnt, endet nicht nur die Pflicht, sondern auch das Recht des
Arztes zur Behandlung.
Eine ärztliche Maßnahme gegen den Willen des Betroffenen ist nicht zulässig und als „
eigenmächtige Heilbehandlung „ strafbar.

4.1.2 Der nichtentscheidungsfähige Patient

Wenn jemand im Verlauf einer schweren Krankheit seinen Willen nicht mehr äußern kann,
bewusstlos in ein Krankenhaus eingeliefert wird oder auch verwirrt ist, kann er weder
aufgeklärt werden noch in eine Behandlung einwilligen.
In dieser Situation entscheidet die Patientenverfügung oder eine andere Person mit einer
Vorsorgevollmacht.
Angehörige haben von Gesetz wegen prinzipiell keine Entscheidungsbefugnis.
Wenn der Patient nicht vor dem Verlust seiner Entscheidungsfähigkeit einer
Auskunftserteilung zugestimmt hat, dürften Angehörige vom Gesetz nicht einmal näher vom
Arzt über den Krankheitszustand informiert werden.

Sollte es keine Patientenverfügung und Vorsorgevollmacht geben, entscheidet der Arzt wie
im Notfall behandelt wird. Sollte der Zustand der Entscheidungsunfähigkeit länger anhalten,
muss beim Vormundschaftsgericht ein Betreuer (meist wird vom Vormundschaftsgericht ein
Verwandter des Patienten bestimmt) beantragt werden, welcher zusammen mit dem
behandelnden Arzt das weitere Vorgehen entscheidet.

4.2 Auswirkung für Ärzte und Pflegekräfte:

Eine Patientenverfügung hat insofern Auswirkung auf die Ärzte und das Pflegepersonal,
dass der Patient dort beschrieben hat, welche Behandlungsmaßnahmen er wünscht bzw.
ablehnt und sich Ärzte wie auch Pflegekräfte strikt an die Forderung halten müssen.

Was unter Umständen soweit gehen kann, dass der Patient alle lebensnotwendigen
Maßnahmen ablehnt und damit evtl. sogar auf eigenen Wunsch verstirbt.

Ärzte sind gesetzlich verpflichtet, den in der Patientenverfügung festgelegten
Willen oder den daraus abgeleiteten mutmaßlichen Willen zu beachten und nach diesem zu
handeln. Das kann sie dann in Gewissenskonflikte bringen, wenn sie aus ihrer fachlichen
Sicht oder für ihre eigene Person andere Entscheidungen treffen würden. Aber weder eine
akute Krankheit noch der ärztliche Heilauftrag oder die Pflege begründen ein eigenständiges
Behandlungsrecht gegen den Willen des Patienten. Vielmehr stellt der ärztliche Eingriff ohne
Einwilligung oder gar gegen den Willen eine strafbare Körperverletzung dar.

Quellen:
http://www.passail.eu/krankenpflege/patientenverf.htm (23.06.2011 10:47 Uhr)

Verbraucherzentrale „Patientenverfügung Vorsorgevollmacht und Betreuungsverfügung"
8. Auflage 2006 (Seite 32-33)

http://www.diakonie.de/Ratgeber-Patientenverfuegung_2010.pdf (23.06.2011 11:57 Uhr)

**5. Ist es in Anbetracht von ethischen Grundlagen vereinbar eine Patientenverfügung
zu erstellen und somit Einfluss auf den eigenen Sterbeprozess zu nehmen?**

In der Präambel des Ethikkodex des ICN, welchem alle Pflegekräfte unterliegen, heißt es:
„Untrennbar von Pflege ist die Achtung der Menschenrechte, einschließlich dem Recht auf
Leben, auf Würde und auf respektvolle Behandlung."

Würdigen bedeutet werten, anerkennen, achten, Achtung erweisen, respektieren, Respekt
vor etwas haben und schätzen.

Daher haben Pflegende die Pflicht die Wünsche des Patienten anzuerkennen und zu
respektieren. Wenn ein Patient seinen Willen also nicht mehr frei äußern kann und eine
Patientenverfügung vorliegt, besteht die selbe Pflicht diese zu beachten, wie man auch die
mündlich ausgesprochenen Wünsche berücksichtigt.

Aus ethischer Sicht ist eine Patientenverfügung auf jeden Fall akzeptabel, weil durch eine
Patientenverfügung der Wille des Patienten berücksichtigt wird und man somit den Patienten
würdigt.

Quellen:
http://www.dbfk.de/download/ICN-Ethikkodex-DBfK.pdf Seite 1 (28.06.2011 7:15 Uhr)

http://www.humanistische-aktion.de/wuerde.htm (28.06.2011 7:50 Uhr)

6. Zusammenfassung/ Schlussfolgerung

Zusammenfassend kann man sagen, dass es für jeden zu empfehlen ist eine Patientenverfügung zu erstellen, auch wenn man erst 18 Jahre alt ist und noch keine schwere Erkrankung hat. Es kann immer mal zu der Situation kommen, dass man durch einen Unfall schwer Verletzt wird und vielleicht Jahre lang im Koma liegt, künstlich ernährt und nur noch durch Maschinen am Leben erhalten wird.
Dieser Situation kann man mit einer Patientenverfügung zwar nicht vorbeugen, aber man kann bestimmen, was in einer solchen Situation mit einem geschieht.
Man muss sich vorher fragen, ob man sich vorstellen kann evtl. über Jahre im Koma zu liegen, mit der kleinen Hoffnung vielleicht nochmal zu erwachen und dann meist mit sehr schweren Schädigungen weiter zu leben oder möchte man einfach nach einer gewissen Zeit im Koma, dass die lebenserhaltenden Maßnahmen eingestellt werden und das „Leben" somit ein Ende hat.

Man sollte sich für eine Patientenverfügung Zeit nehmen und sich ausgiebig mit dem Thema beschäftigen und nicht einfach einen aus der Zeitung ausgeschnittenen Vordruck nehmen, der „nichts" aussagt.

Quellen:

- http://www.patientenverfuegung.de/meine-patientenverfuegung (15.06.2011 12:45)

- http://www.aerzteblatt.de/v4/plus/down.asp?typ=PDF&id=4428 (17.06.2011 17:14)

- Empfehlung des Ethik-Komitees der Kath. St. Johannes Gesellschaft Dortmund gGmbH zum Umgang mit Patientenverfügungen Seite 2-3

- Verbraucherzentrale „Patientenverfügung Vorsorgevollmacht und Betreuungsverfügung" 8. Auflage 2006 (Seite 30-33)

- http://www.patientenverfuegung.de/rechtliche-grundlagen (20.06.2011 11:36 Uhr)

- http://www.passail.eu/krankenpflege/patientenverf.htm (23.06.2011 10:47 Uhr)

- http://www.diakonie.de/Ratgeber-Patientenverfuegung_2010.pdf (23.06.2011 11:57 Uhr)

- http://www.dbfk.de/download/ICN-Ethikkodex-DBfK.pdf Seite 1 (28.06.2011 7:15 Uhr)

- http://www.humanistische-aktion.de/wuerde.htm (28.06.2011 7:50 Uhr)